DETRÁS DE AQUELLOS PÁJAROS

DETRÁS DE AQUELLOS PÁJAROS

JORGE FERNÁNDEZ GONZALO

II PREMIO INTERNACIONAL DE POESÍA MARÍA ROSAL

Valparaíso
EDICIONES

Número 573 de la Colección VALPARAÍSO DE POESÍA
dirigida por FEDERICO DÍAZ-GRANADOS

Diseño de colección y portada: Chari Nogales (@*chari_nogales*)

Primera edición: mayo de 2026

© De los poemas: Jorge Fernández Gonzalo
© Diseño de portada: francescoch (@*fran_kie_s*)

© Valparaíso Ediciones
C/ Fray Leopoldo, 7 bajo, 18014 Granada
www.valparaisoediciones.es

ISBN: 979-13-88007-52-1
Depósito Legal: GR 395-2026

Impreso en España - *Printed in Spain*
Gráficas Gami

Un jurado compuesto por la escritora María Rosal, como presidenta, la catedrática de la Universidad de Granada Remedios Sánchez García, y los poetas Raquel Lanseros, Luis Alberto de Cuenca y Federico Díaz-Granados, concedieron el II Premio Internacional de Poesía María Rosal, que convoca el Ayuntamiento de Fernán Núñez (Córdoba), a *Detrás de aquellos pájaros*, de Jorge Fernández Gonzalo.

DETRÁS DE AQUELLOS PÁJAROS

A Diego y Valentina,
siempre detrás de todos mis poemas.

Yo sé que olí un jazmín en la infancia una tarde, y no existió la tarde.

FRANCISCO BRINES

I

LA HUMEDAD DE LA PIEDRA

LA HUMEDAD DE LA PIEDRA

Mi pensamiento es hoy una canción de los erizos.
La claridad no nos da tregua,
ni el calor del verano
que desciende en haces llameantes,
por eso hemos buscado
la verdad en aquello que humedece.
¿Dónde encontrarlo en este valle inhóspito,
en lo desconocido de sus cumbres y abrojos?

Quizá en el musgo azul o en el liquen que el pájaro descarta.
Quizás bajo el sombrero de las setas,
en sus láminas tiernas por la sombra
o en el rastro esplendente
del caracol nocturno,
o quizás en el tronco del nogal,
en su savia salvífica,
en sus hondas verdades transparentes.
Hoy buscamos lo puro
en la humedad sin tiempo de este valle.

Pienso entonces en ti, en tu sudor.
En tu ombligo al que bajan
a beber los milanos.
Te abrazaría como el trueno o el relámpago,
como aquello que anhela ser mortal
para así destruirse y consagrarse.
La oruga desconoce que es efímera
y el ave se lo enseña.

El mirlo desconoce la eternidad o el duelo
y vuela sin descanso entre las ramas
como si atravesara inmensidades,
como queriendo malgastar el día
y su milagro albo.
Ya mi dolor no sabe cuánto cuesta ser mirlo.

¿Y por qué no buscar bajo la piedra?
En su abertura encuentro
el verde aliento de los escarabajos,
la lombriz que atraviesa lo perenne:
bajo la piedra palpo la existencia,
su líquido sagrado,
las raíces sensibles de la hierba.
Silencio de humedad, pastos de niebla.
Hay un pálpito acuoso en lo frío de la piedra,
un misterio intangible en sus inmensidades.
Por eso, yo me acerco con cuidado,
palpo con indulgencia su dureza,
recorro, lentamente,
el cerco de su forma sumergida.

Y aun así soy incapaz de retirarla.
¿Y si nadie ha pisado su huella milenaria?
¿Y si la piedra estuvo siempre ahí?
No valoramos ya la permanencia.
No damos justo crédito a lo inmóvil.
Pero la piedra sabe
de la quietud y el tiempo.
Reconoce la flor perecedera,
el paso de la oruga a la crisálida,

lo sencillo de estar, imperturbable.
No pisaré los huecos antiguos de las piedras,
el espesor de su presencia inerte,
ese cuajar rotundo en lo absoluto.

Porque, ¿y si la piedra cubre las heridas del mundo?
Llaga de la existencia y de los pájaros,
corazón de la ardilla moribunda,
quemadura del ser desfallecido:
nadie sabe qué oculta la piedra en su silencio,
qué gratitud o qué misericordia
nos lega en sus insomnios.
La piedra siempre alerta,
vigía del trasiego inútil de los seres:
ella protege el tiempo.
La piedra certifica una quietud inmensa.

Aunque quiera ser lirio
o pájaro, o racimo,
su lugar se vuelve inquebrantable.
Camino junto a ella, pero no toco nada,
no cambio de lugar ninguna cosa,
porque el mundo es así y en ello hallo mi asombro.
No profanar la piedra
y que su sombra no conozca el día.
Que la mirada guarde su secreto,
lo sencillo anegado en la tiniebla.
La piedra, flor desnuda.
La piedra y su violencia de los mapas.
La piedra y mi deseo.
Y que nada revele sus enigmas,

óxidos milenarios en lo oscuro:
su humedad nos recuerda
que aún nos queda resguardo ante la luz.

II

PAISAJE-MÁQUINA

MINERAL-MEMORIA

¿Qué recuerda la huella de mis pasos?
¿Qué el agua de mi tacto,
la naranja y su zumo de mi boca?
¿Y qué la golondrina tras mirarla?

En el zumbido de los tábanos
aún escucho una música, armonía
del tiempo,
la melodía frágil de lo sucedido
como si todo fuera contenido en sus notas,
como si todo ardiera por sus élitros.
Mira la piedra azul de mi recuerdo.
El cuarzo segmentado por las cosas.
La realidad custodia mis recuerdos,
acopia mi memoria,
coagula lo que soy y lo que he sido,
acaso en el olor a cinerarias
o en el cimbreo manso de los tilos
rajados por el rayo. Acaso, puede ser,
en la sombra delgada del bejuco,
en lo que se proyecta o lo que asciende
(trepadora o semilla o pasionaria);
tanta belleza, entonces, que perdí
con el pasar de años, con el pálpito
de lo irrecuperable,
¿no volverá a ser nieve o atalaya,
holladero o clepsidra?
Quizás mi olvido sea este rodal de alheñas,

los nogales insomnes,
lo que germina ante el deslumbramiento.
Quizás la quemadura que nos da la belleza
sea también reclamo a mi memoria.

La belleza nos salva, nos ampara,
aunque nunca se salga indemne de sus brazos
porque somos la estirpe del azar.

¿Qué hay de verdad en lo que duele?
La enfermedad no es solo su dolor,
es también el fantasma que la escolta.
La memoria, no obstante,
es fantasma sin llaga:
lo que lastima a expensas de los cuerpos
en la sombra del tiempo y su gramática.
Porque, cuando nos duele lo invisible,
solo la luz es cicatriz.

Así el recuerdo surca mi dolor
como una cierva en busca de un estanque.
Así el dolor abre sus pétalos
igual que flores blancas de davidia.
La memoria nos duele
mientras los niños juegan en lo oculto del tiempo,
debajo de los árboles que alguna vez trepamos,
pero no quedan árboles
como tampoco niños. Acaso unos jirones
de espuma por no habernos conocido,
la lenta epifanía de un diluvio.
El tiempo avanza, indefectiblemente,

hacia su centro
(nunca volvemos a un lugar, volvemos a un recuerdo):
avanza a la dureza de la piedra.

En la piedra, en el níquel, en el cuarzo:
el mineral contiene mi memoria,
lo que ha ocurrido y lo que se erosiona;
lleva signos de mí, las huellas que he dejado
por la nieve o los cuerpos,
los besos que ofrecí o he recibido
y aquellos que olvidé.
Un alacrán de luz es el recuerdo.
Un alacrán debajo de la piedra,
en la luz contenida del topacio
y todo espera ahí, aguarda su lugar,
el instante en que pueda completarse
y ser definitiva su sed de permanencia.

Yo soy el equipaje de las cosas,
soy la huella que trazan sus pisadas,
su lluvia y testimonio.
Soy lo que el mundo aguarda y el latido de hierba,
la mineral-memoria de lo vivo,
aquello que se gana o que se pierde,
lo que dije y callamos,
los tulipanes blancos de mi infancia
o las breves gardenias en donde fallecer.
Todo ocurre en el cuarzo,
en la huella fatal de los desvelamientos.

El mundo hospeda todo lo que soy,
registra el laberinto de mi ser,
memoriza mi tiempo y el olvido
en que respiraré su adelfa deslumbrante.

ESPLIEGO

He tocado las flores del espliego.
Hemos sentido juntos
su intimidad, su adagio de silencio.
En el olor a espliego falta el mundo,
pero su falta no tiene candados.
Aquí lo que no existe
nos ofrece una grieta luminosa,
un incendio temprano,
un ángel desmembrándose las alas.

Lo que falta es hermoso en el espliego.
La ausencia de las cosas se acicala,
el vacío se adorna y humedece mi canto.
Su olor señala el hueco
entre la madrugada y lo indecible.
He tocado las flores del espliego
y su verdad, su amparo,
lo que hace de un cuerpo pura entrega,
lo que asegura el pacto entre las cosas.
Tocar, rozar apenas.
Rozadura que expande mis pulmones,
espaciarse del día, de los ánades,
espaciarse del árbol invisible,
de la noche secreta y sus helechos.
En este olor que queda entre mis manos,
que sobrevive aún entre mis dedos,
la ausencia es permanencia.
Lo que huelo es la falta, lo que palpo

es tan solo su huida,
lo que se abre ahora es maleficio:
tocar un mundo ausente,
sentir un mundo ausente,
oler un mundo ausente. Dejemos al espliego
elegir qué lado de su sombra
cederá a las abejas.

He tocado las flores del espliego
y he rozado tu cuerpo.
Huele tu piel a flores de lavanda,
a pétalos de malva y arrecife,
al modo en que la tarde desenreda
a los seres sin darle nombre a nada.
Tu piel, que ya es espliego.
Tu piel que reproduce lo absorto de la herida.
Que surge en lo sagrado del paisaje.
Tu vientre de cristales y sargazos.
Tu ausencia de gladiolos y de espigas.
En tu falta también crece el espliego,
también vuela el vencejo,
también lo frágil muestra sus llagas de existencia.
El espliego y tu cuerpo: semejanzas.

El espliego y tu cuerpo son sinónimos,
pues en ambos sucede el abandono.
La distancia es espliego quemado en el verano.
La distancia es enjambre que afirma lo infinito.
Hueles su flor y el día es transparente.
Traducimos la ausencia luminosa,
la pureza intocada de la piedra secreta,

lo que dice el retorno y el cantueso,
lo que sabe la abeja
a zarpazos de alba
y en tu ausencia el día se convoca.

Déjame que describa con flores de convólvulo
la falta que me ofreces al marcharte.
Déjame que le dé un nombre a tu abandono,
que trace una gramática de tus modos de irte,
del olor que me dejas en la almohada,
de tu tacto de espliego fugitivo.
No hay lenguaje que no palpe los cuerpos.
No hay palabras que no se nos enreden,
que no nos desprotejan,
que no nos entorpezcan al besarnos.
Por eso tu silencio son biznagas,
por eso este latir de nomeolvides.
Por eso en la botánica de pérdidas
que extiendes al marcharte
yo he elegido el espliego,
el espliego que es rastro y cacería,
su estar en lo absoluto.

Dame tu ausencia para beber sus pétalos.
Dame tu huida y me confinaré entre sus vacíos.
Dame tu marcha: pájaros azules.
La flor está de paso, sin embargo,
pero tu marcha siempre es infinita.

Tu ausencia en donde brotan
unas matas de espliego primerizas.

PAISAJE-MÁQUINA

Voy surcado de máquinas, bullentes engranajes,
junturas entre el cárabo y mi piel,
entre mis manos y el granito,
entre el ojo y aquello que hace hueco,
que recorre distancias:
ensamblajes, resortes, cableados.
Máquinas de visión que afirman el engarce.

Todo quiere ser máquina:
la tormenta que tilda, que percute,
que da tonalidades a los árboles,
o el sonido estridente de chicharras,
o las huellas del lobo o la semilla.
Hasta la luz, tan desgarrada en los espinos,
que se enreda y deslíe superficies.
Todo quiere ser máquina:
un cuerpo y otro cuerpo se erosionan,
se engarzan, se modulan;
una perforación de crisantemos
hace hermosas las telas de la aurora.

He llegado hasta el tuétano,
al alba de tus brazos,
a tus manos que tocan lo que vuela,
lo que se deshilacha de la aulaga…
Mi corazón apenas es un nido
de ruiseñor o cormoranes,
los pájaros que viven en el borde.

Dadme, entonces, su vuelo
para mis dedos-brisa o mi delirio.

El paisaje es el fruto de mis manos,
el envés de mi cuerpo-buganvilla:
es aquello que engarza.
Mirar, mirar o aguamarina.
Mirar y mi mirada-hojas de helecho.
No existiría el mundo sin un cuerpo acechante,
sin la fiebre del ser o la impostura
de haber sentido el álamo.

Sentir es siempre máquina:
siento el vuelo trivial del gorrión,
lo sencillo del alba o la vereda,
lo que se oculta, lo que se recompone,
el aroma a naranja o a tomillo,
tu falta que recorre
las hojas de los tilos y el cilantro,
y todo forma máquinas.
¿No es la raíz mecánica del árbol?
¿No es el ala temblor, dispositivo,
instrumento del aire ensimismado?
¿No son todas las cosas artilugios
para una ingeniería milenaria?
Mi cuerpo que hace máquina
y mi mirada aceite para el pacto:
rozaduras en el acontecer.

Lo real no es el pájaro,
sino el profano vínculo del vuelo

y mi mirada en deuda.
¿Ves las profundas aves y el cristal que horadaron
en la carpa del cielo?
¿Verán ellas también
el mismo desconcierto de la luz,
las mismas tracerías que vislumbro,
idéntica ficción de nubes deshiladas?
Lo que sentimos es una mentira.
Lo que un cuerpo siente es solo litorales,
márgenes de sí mismo en una piel dudosa,
incertidumbre-cuerpo en sus orillas,
pues la verdad no ocurre para nadie:
solo existe el encuentro,
intermitencia fija entre las cosas,
dos máquinas que marchan en conjunto.

Los pájaros,
en las fibras azules del celaje,
vuelan siempre en pasado.

Tu cuerpo,
bajo el sosiego de la rama leve,
pensó que aquel paisaje era existencia.
Que era sensación. Que fue verdad.

Máquina es lo que ocurre en un temblor.
Solo cabe esperar, entonces, al asombro.
Porque al asombro es una interrupción de pájaros.
Una máquina rota en la ceguera de la lluvia.

En el asombro,
los pájaros se adentran en mi cuerpo,
se convierten en venas, en arterias.
Anidan en lo angosto de mis vísceras.
En el asombro, la luz se vuelve agua,
cortocircuito, falla:
sentir es improbable,
salvo cuando no quedan ya nomenclaturas
en los panales de nuestra incertidumbre.

HOJA DE ALMENDRO

Esta hoja de almendro
que atesora en agraz el pálpito del mundo,
la certeza del polvo de la luz,
el cobijo del viento y la crisálida,
¿qué ternura destrenza en lo improbable
de sus líneas, qué convicción atónita de vida,
qué azar ya registrado?
Miro la hoja y palpo
todas sus nerviaciones transparentes,
su júbilo entregado al oficio de ser,
al goce de existencia,
y la hoja me enseña la vigilia del mundo.
Todo yace despierto, y es memoria.
El mundo ya está escrito en su verdor,
en el canto dentado, en sus trazados
bautismales. Cuánta beatitud,
arbórea certidumbre,
cuando la hoja escribe mi destino.
Porque en ella el instante coincide con lo eterno,
el tiempo de la flor y el de la piedra,
el cántico del día y la penumbra.
En la hoja está todo,
se acopia lo absoluto:
está dicha la piel de la mañana,
el espesor del vuelo de los cuervos,
el tallo en crecimiento de la aulaga.
Su savia que es la savia salvaje de vivir,
un asomo preciso de existencia
y por ello el tiempo se repite,

sin pausa, en esta hoja;
todo ha ocurrido y todo vuelve a ser,
y yo alabo su rumbo hacia la muerte.

Soy ahora el pensamiento de los bosques,
soy la certeza de la hoja del almendro,
soy lo que nombra y lo que perpetúa,
su silencio invocado entre las ramas,
en una nerviación de espera y mansedumbre.
Aquí el ser encuentra permanencia.
Se cobija la oruga,
el gorrión alegre se guarece,
amanece en sus líneas lo que halla
el dulzor de la solemnidad.
He vivido y he muerto en esta hoja:
soy en ella mis vidas improbables,
todo lo que fenece y resucita,
la flor del tiempo abierta y sus pétalos ocres.
La realidad me asiste.
Me tropiezo en el ser, pero aquí estoy a salvo.
En la hoja de almendro encuentro cercanía,
la sencillez del día derramado
que anega las gargantas de los ciervos.
No hay más espacio que el de su absoluto,
su entera plenitud tornada almendra.
Hoja que reconoce mi esperanza,
mi trasiego y cansancio,
mi dolor macerado en las edades,
y que aun así me acepta. Soy en esta hoja,
soy en su pensamiento
y me abro en su espesura a lo tibio del ser,
a su fragilidad, a su concordia:

hay duración y hallazgo en esta hoja,
en la hoja de almendro indestructible.

El universo no tiene semillas,
pero sí tiene hojas bulliciosas.
Sí recaba el oxígeno del día,
sí bebe de la luz combándose en la rama.
Vivir es partitura.
Vivir es este vuelco de la hoja mecida,
su lento entumecerse ante el otoño,
lo que ampara y retorna ya bien entrado marzo.
Hoja de almendro: hoja ya desnuda,
hoja en la mansedumbre de existir.
Quietud que me hace música,
cimbreo que es palabra,
nerviación que es lenguaje y aleluya en los cuerpos.
En la hoja de almendro el mundo ha sucedido,
el mundo está repleto,
cumplido al fin en todo lo que pienso
y al mismo tiempo aún por ser pensado.

Yo leo en esta hoja lo que dice el poema.
Leo su endecasílabo de savia
y escribo su nacerse,
su arrebolarse en rojo ante el crepúsculo.
No hay adivinación en esta hoja,
sino un azar en vuelo que se escribe,
que se ha escrito, que finge paso a paso
los signos de este día, que los copia
para esculpirlos fieles a sí mismos.

En esta hoja el pálpito del mundo.

III

TU NOMBRE-PÁJAROS

FRACTURA

Detrás de aquellos pájaros reside lo invisible.
No hay más certeza aquí que en una buganvilla:
ya lo secreto es lo inesperado,
lo que no vemos, lo que el grillo
canta en las noches de septiembre.
Porque en lo que se extingue,
en lo que está en el borde (el azar de las nubes,
el olivo mecido en la indolente brisa,
la prontitud del vuelo de las garzas),
apenas vislumbramos la fractura,
la cárcava del signo,
aunque su grieta exista: zarpazo de los nombres.
Lo que arde en lo blanco de las identidades.
Detrás de mi mirada, torciéndose en la luz,
desabrochándola,
desenredándola en hebras o pistilos,
más allá del dolor inevitable
de toda permanencia: he ahí la fractura.

Las huellas del antílope
resquebrajan lo sólido del mundo.
Las palabras que lanzas
como hondas heridas a la tarde
hienden ante los trastes del crepúsculo.
Busco con insolencia su desgarro.
Esquivo lo compacto, lo que me da certeza,
porque sé que el hibisco se oculta a sus espaldas.
Huir de la certeza que me muestran

las hondonadas limpias de la nieve,
del temblor meditado de la ardilla,
del giro decidido
del girasol de luz
y acechar lentamente lo improbable,
el azar de la piedra que resbala sin normas,
aquello que retarda
su marcha a lo infinito:
ahí siempre hay un hueco,
una fractura antigua,
dislocación del ánade y su sombra,
entre lo que acontece y se recuerda.
En ese hueco crece lo invisible.
Lo imposible que arroja la rosa transparente.

En sus franjas supura lo real:
te acercas, con cuidado,
y en su ranura tiras la moneda de un cuerpo
(es decir: tu mirada),
la moneda de aquello que sentías.
Porque la falta cuaja en lo que nos asombra:
aun dentro del milagro hay una brecha insomne.
Un zumo que rebosa de lo inédito,
una verdad a tiras, racheada,
ensartada en los rayos de la luz.
Tiras esa moneda, y el mundo queda en deuda.
Lo que los seres sienten cubre su fractura:
toda emoción es deuda restaurada.

Toda emoción es deuda: la realidad no sabe de otros pactos.
Tu cuerpo es la moneda con que colmar la grieta,

la sutura que apela a las heridas.
No hay pájaros que firmen lo temprano
de su laceración sin cicatriz:
ebrio de realidad, la realidad te falta.
¿Habrá algún modo de atisbar la grieta,
de acechar lo que falta, o es precisa
la grieta que me surca? Nombrar, sin ataduras.
Las palabras del mundo como el cuajo a la leche:
ser la coagulación de lo que mana.
El dolor de la piedra,
la soledad de lo que se marchita,
la lobreguez de aquello que hace sombra:
un cuerpo necesita entregarse a la brecha.
Hace falta encarnarse en la fractura,
sentir, en plenitud.
Porque sentir es hueco entre las cosas,
respirar era el quicio de los seres,
vivir era llovizna entre huecos de ramas.

Hay que sentir la brecha y dar todo por ella,
y dejarse la piel, el cuerpo, las palabras.
En la brecha el incendio de tu boca,
la gratitud del cuerpo deseado.
Endeudarse en la brecha.
Endeudarse, por ello, en el asombro.

ALBADA

Y entonces llegas tú, tu nombre-pájaros.
Llegas y lo haces todo más sencillo,
desescribes la historia de las pérdidas,
borras lo que nos duele
y tu cuerpo se torna cicatriz.
Bebamos de la fruta del cerezo.

Tu espalda es una brisa olvidadiza,
es un quiebro de aire entre los cedros,
contundencia de ortigas
o vuelo de herrerillos desbocados.
En ella, por tu espalda, la luz incendia el mundo.
El mero estar ahí de cada cosa,
la plenitud inane de lo dado:
todo adquiere su vuelo, circunstancia,
éxtasis concluido en tus manos de céfiro.
Tu espalda-milenrama,
tu espalda de cobalto,
tu espalda-correhuelas:
en la vegetación que fluye por tu cuerpo
mis palabras apenas son hormigas,
insectos expectantes,
dulce carnalidad de los hallazgos.
Tu espalda y mis palabras:
la infinita laguna donde beben
gacelas imprevistas.

He comprendido la mañana
por cómo se refleja al arrullarte.
Tus manos-lirio, boca-siempreviva,
el jardín de tu vientre donde buscan
refugio los azores.
Devastemos las flores de linaza
y brindemos la ausencia de las cosas:
todo quiere ser cuerpo,
sentirse-ser tu cuerpo,
adentrarse en tu piel y ser tu tacto.
Así la encina espera respirarte,
ser tu palpitación y concederte
la duda o la esperanza.
Así la espuma quiere ser tu pelo,
marejada ondulándose de ti,
tu cabello-arrecife
donde el mundo se empeña en ser él mismo.
Nuestro amor es un lirio.
Nuestro amor es contorno de los seres.
Nuestro amor que recorre la savia de lo intacto.

Hay una plenitud en lo amarillo
de tu piel que refleja la mañana.
Amarse hasta en el óxido del hierro,
en la humedad de grutas abisales,
en el otoño de nuestros pensamientos.
Amarse en lo que ocupa
el hueco que dejaron las palabras
y hacer añicos la ficción del mundo.
Cuando tus labios-pulpa,
cuando tus muslos-álamo,

cuando tus ojos-flores-del-hibisco,
el mundo se repliega y abandona lo falso.
El mundo no se escribe: fue tu cuerpo.
Ya no podré leer lo intangible del día,
no podré interpretar la anunciación del río,
qué dicen las cascadas, qué palpan los cipreses
cuando auscultan la tarde.
Contigo el mundo no tiene sentido.
Contigo este delirio es mi blancura.
Contigo nuestros besos son herrumbre
que reconoce el mundo en su silencio.
Y en tu silencio hay pájaros, hay cárcavas.
Hay un sendero en la raíz de tus pulmones,
hay un camino hacia lo inescrutable.
Tu cuerpo o barandales de la lluvia.
Tu cuerpo en brotecer, acontecerse.
Tu cuerpo que reclama
los acordes del tilo y de sus hojas.

Dame el desvanecerse de las nubes,
el llevarse las cosas a ti misma,
el modo en que este mundo ya no te significa
y tú eres su gramática,
su condición de pájaros,
pronombre en que la luz estallaría.
Dame lo que en la flor desaparece,
aquello que germina en la humedad de un torso,
el ala quebradiza de la alondra,
la cerradura que abre tu deseo.
Dame la flor unánime
de tu pecho en columna,

del acanto que crece y que declinas,
de lo que tiembla cuando te desperezas.
La respuesta es el viento.
La única verdad es lo inmediato
de tu axila, el sudor de los delirios,
tu cuerpo-enredadera deseado.
Dame la mano y juntos
comencemos el día.

BORRADURA

Me borro en la manera con que miras la tarde.
En tu dolor de ríos congelados.
En tu pecho en que anida el olor de la albahaca.

Hemos escrito juntos el trayecto
de nuestras mariposas amarillas
y la pronunciación del junco ante la noche.
No hay promesas o herrumbre
allá hacia donde vamos,
sino lo legendario de amplios cardizales
y relojes parados en la dicha.
Decir, decirte en pájaros.
Decirte en lo cuajado de la luz de septiembre,
en lo que nace para dispersarse,
acaso en niebla o musgo,
acaso en lo sensible de unos pétalos
borrados por la brisa en madrugada.

Logramos aprender los secretos que esconde
la raíz de los árboles,
el árbol que se torna hacia las sombras
y que mora en la piel de lo invisible.
Sentir, árbol adentro,
allá, donde el camino se bifurca
y el tejón excava hacia lo inmenso.
Allá donde los ríos arteriales
arrasan las palabras,
corroen el sentido,

desdibujan las huellas de los signos
como lirios de barro
que a su paso arrancaron los antílopes.

Adonde vamos hemos de borrarnos.
Ser en lo que se aquieta, en lo que encauza
o brota de la nada,
en lo que espesa el borde de la luz.
No otra geografía que nuestro deshacernos,
nuestro desenredarnos como insectos acuáticos
que expandieran el pulso del arroyo,
como abejas y tábanos
que sirvieran de tacto para el bosque.

Mi boca arbórea besa lo circular del álamo
y los pájaros tiernos confunden su ramaje
de hojas azuladas. La soledad no tiene enredaderas.
La soledad esconde mis pisadas
profundas como búcaros.
La soledad son estos charcos que no logro esquivar.
Pero al menos pudimos llegar hasta la nieve,
borrarnos en sus lentas claridades.

La nieve, que arrebata toda huella.
La nieve que tocamos sin temor
como quien toca un pájaro caído.
La nieve es nuestra infancia,
los recuerdos que habíamos limpiado,
lo que nos queda cuando el tiempo
arrasa las heridas
y cubre la raíz de los frutales.

La nieve es mi destino,
aunque no haya suicidas en la nieve.

Mira el paisaje, blanco
como el loto que anuncia tu regreso.

Y mi asombro es esta borradura,
el hueco de la nieve tras recorrer tu cuerpo.
El lago congelado en donde nos bañamos aquel día,
el lago al que acudían a beber
los caballos salvajes y corzos imprudentes.
Allí lavé tus brazos de cariátide
como quien recorriera un mausoleo.
No fueron suficiente las palabras,
no nos bastó con ellas para nombrar el mundo
y decir lo distinto
de la luz al morir entre los durazneros
o al rodear la vid y entregarle a la uva
su redondez y pálpito.
                    No basta.
No pudimos amarnos en los nombres,
sino en su hueco blanco,
en el desorden de los abedules
o en la disipación de las acacias.
Amarse era encontrarnos en la huida
de los frutos silvestres,
vivir en el cimbreo de las matas de orégano y espárragos,
en la hierba desnuda borrada en las pisadas,
la hiedra luminosa que circunda el vacío.

Qué blancor en la muerte. Qué muerte en el amor.
Hay una mariposa desgarrada en el corazón de los amantes.
El amor es aquello que escuece y purifica.

Su blancura nos daña y nos redime.

ÍNDICE